बेटी बचाओ-बेटी पढ़ाओ

(शिक्षाप्रद आख्यान)

बेटी बचाओ-बेटी पढ़ाओ

मनोहर बाथम

श्रृंखला सम्पादक

लीलाधर मंडलोई

वाणी प्रकाशन ग्रुप

भारतीय ज्ञानपीठ

वाणी प्रकाशन : भारतीय ज्ञानपीठ की पुस्तकों के एकमात्र प्रकाशक एवं वितरक

सजिल्द दूसरा संस्करण : 2019
सजिल्द तीसरा संस्करण : 2024

शिक्षोदय ग्रन्थमाला : ग्रन्थांक 056

प्रकाशक
वाणी प्रकाशन ग्रुप
4695, 21-ए, दरियागंज, नयी दिल्ली-110 002
फ़ोन : 011-23273167, 23275710
ईमेल : sales@vaniprakashan.in

ISBN : 978-93-263-5543-8

बेटी बचाओ-बेटी पढ़ाओ
(शिक्षाप्रद अख्यान)
मनोहर बाथम

BETI BACHAO-BETI PARAAO
(SIKSHAPRAD AKHYAN)
by Manohar Bathem

मुद्रक : आर. टेक ऑफ़सेट प्रिंटर्स, दिल्ली-110 032

Price: 295

उन समस्त
संवेदनशील, जागरूक और संघर्षरत
नागरिकों को सादर,
जो लिंग चयन तथा कन्या भ्रूण हत्या का
विरोध करते हैं और कन्याओं की शिक्षा के
प्रचार–प्रसार के लिए समर्पित हैं।

अपनी बात

भारतीय समाज में जहाँ कन्या को पूजा जाता था आज उसके प्रति आदर तो दूर उसे जन्म लेने के पहले ही मार देने जैसा घिनौना काम अपराधों की श्रेणी में न आकर उससे कहीं ऊपर है। इसे सामाजिक और सामूहिक पाप और कलंक कहा जाना चाहिए। सामाजिक इसलिए कि एक कृत्य से एक व्यक्ति या परिवार नहीं बल्कि पूरा समाज प्रभावित हो रहा है और हम हाथ पर हाथ धरे बैठे हैं। सामूहिक इसलिए कि हम इस घृणित काम को होने देने में प्रत्यक्ष या परोक्ष रूप से सहयोग कर रहे हैं।

पूरे ब्रह्मांड में मनुष्य ही नहीं तमाम जीवों में, वंश का विकास दो लिंगों पर आधारित है। प्रकृति ने या कहें विधाता ने स्त्री और पुरुष एक साथ रचे और उन्हें विशिष्ट तरह के गुण भी प्रदान किये। इन्हीं गुणों के चलते हर स्त्री पुरुष अपने एक विशेष किरदार में हैं। जब स्त्री-पुरुष का सन्तुलन बिगड़ता है तो उसका असर सब जगह दिखाई देता है। अब जिस रचना पर हमारा हक़ नहीं, उससे छेड़छाड़ करना, न केवल हमारे अधिकार क्षेत्र के बाहर है बल्कि यह अप्राकृतिक, अनैतिक और अमानवीय भी है। मेरा सीधा इशारा भारत में बिगड़ते लिंगानुपात पर है। यह समस्या इतनी गम्भीर है कि हर रोज़ सरकारी और गैर सरकारी आँकड़े

हमारे सामने आते हैं और इस तरफ इशारा करते हैं कि अभी भी समय है हम सँभल जाएँ, वरना यह समस्या इतना भीषण रूप ले लेगी कि प्रत्यक्ष या परोक्ष रूप से इसका ख़ामियाज़ा पूरे समाज को भुगतना पड़ेगा।

सरकार और हर ज़िम्मेदार भारतीय नागरिक समझता है कि समस्या कितनी गम्भीर है। दोनों अपने अपने स्तर पर प्रयत्नशील भी हैं कि इसका निदान हो। 'बेटी बचाओ-बेटी पढ़ाओ' इन्हीं प्रयासों में एक सकारात्मक कदम है जो वर्तमान सरकार ने उठाया है। इस पर काफी धनराशि खर्च करने का प्रावधान है। पर क्या सरकारी योजनाएँ और कुछ नागरिकों की चिन्ताएँ इससे अकेले लड़ लेंगी? नहीं! इस समस्या की जड़ में बहुत से निहित स्वार्थ हैं, रूढ़िवादी सोच है, और बहुत सारे अन्धविश्वास। जब तक पूरा भारतीय समाज जागरूक नहीं होगा, शिक्षित नहीं होगा और सरकारी योजनाओं में सहयोग नहीं करेगा, तब तक इस समस्या का समाधान मुश्किल लगता है। इसलिए आज के बच्चों और नौजवानों को सजग होकर बड़ों के साथ कन्धे से कन्धा मिलाकर, इसमें लिप्त चन्द स्वार्थी तत्वों के विरूद्ध आवाज उठाना होगा और सरकारी योजनाओं में अपनी भागीदारी सुनिश्चित करना होगी।

—मनोहर बाथम

स्त्री पुरुष की साथिन है, जिसकी बौद्धिक क्षमतायें पुरुष की बौद्धिक क्षमताओं से किसी तरह कम नहीं हैं। पुरुष की प्रवृत्तियों में, उन प्रवृत्तियों के प्रत्येक अंग और उपांग में भाग लेने का उसे अधिकार है; और आज़ादी तथा स्वाधीनता का उसे उतना ही अधिकार है जितना पुरुष को है। जिस तरह पुरुष अपनी प्रवृत्ति के क्षेत्र में सर्वोच्च स्थान का अधिकारी माना गया है, उसी तरह स्त्री भी अपनी प्रवृत्ति के क्षेत्र में मानी जानी चाहिये। स्त्रियाँ पढ़ना-लिखना सीखें और उसके परिणामस्वरूप यह स्थिति आये, ऐसा नहीं होना चाहिये। यह तो हमारी सामाजिक व्यवस्था की सहज अवस्था ही होना चाहिये।

—महात्मा गाँधी

ज़रा सोचिये

चिन्तित बच्चा

आप सोचिये कि आपसे अगर मैं प्रश्न करूँ कि आपके घर में कौन-कौन हैं तो आपका उत्तर क्या होगा? यही न कि मम्मी-पापा, दादी-दादा, भाई-बहन। इसके अलावा बुआ भी किसी-किसी घर में होगी। संयुक्त परिवार होगा तो चाचा-चाची और ताऊ-ताई होंगें। इसी तरह स्कूल में पूछा जाए कि वहाँ कौन-कौन है तो आपका उत्तर होगा प्रिंसीपल, टीचर्स और बच्चे। को-एजुकेशन स्कूल है तो लड़कियाँ भी होंगी। अब आप सोचो कि घर में पापा हो मम्मी न हो, आपकी कोई बहन न हो, स्कूल में

लड़के ही लड़के हों और टीचर भी सारे पुरुष हों तो कैसा लगेगा? एक स्कूल में मैडम ने बच्चों से जब ऐसे ही सवाल किये तो बड़े रोचक जवाब आये।

मम्मी के बिना कैसा घर? मुझे स्कूल के लिए तैयार कौन करेगा? मेरा टिफिन कौन बनायेगा? और स्कूल से घर आने के के बाद पापा तो आफिस में होंगे तो मैं अकेला कैसे रहूँगा? बच्चों की चिन्ताएँ जायज़ थीं। इसी तरह की चिन्ताएँ उन सबकी होती हैं जहाँ एक स्त्री या बालिका के न होने पर बहुत से प्रश्न खड़े हो जाते हैं।

एक दूसरे बच्चे की चिन्ता देखिये। 'मेरी बहन तो छोटी है। मैं उसके साथ खूब खेलता हूँ। स्कूल से आकर खूब मस्ती होती है। रात को टी.वी. भी एक साथ देखते हैं और बहुत सारे गेम्स और वीडियो गेम्स भी एक साथ खेलते हैं। अगर मेरी बहन नहीं होगी तो बड़ा अजीब लगेगा।' तीसरे बच्चे ने कहा 'मेरी बहन

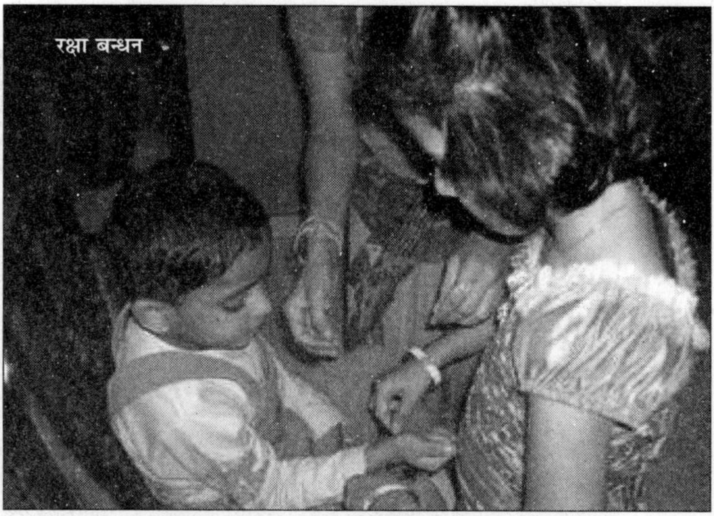

नहीं पर मेरी क्लास में बहुत सारी दोस्त हैं और वही मेरी बहनें जैसी हैं। मुझे घर जाकर बहन की कमी बहुत खलती है। अगर स्कूल में भी मेरी दोस्त नहीं हुई तो मम्मी के साथ तो सारी मस्ती नहीं हो सकती न?'

एक और बच्चे ने कहा—''मिस मेरी तो दीदी बड़ी है। वो न होती तो मैं रक्षाबन्धन पर राखी किससे बँधवाता? और वो तो मेरे साथ खूब खेलती भी है। मम्मी के काम में मदद भी करती है। कभी-कभी जब मम्मी ज़्यादा बिजी होती है तो मुझे होमवर्क करने में भी मदद करती है। वो पढ़ने में भी बहुत तेज़ है और अपनी क्लास में सबसे ज़्यादा नम्बर लाती है—लड़कों से भी ज़्यादा।''

टीचर बच्चों की समझ और चिन्ता देखकर अचम्भित हुई, आप भी अचम्भित हो रहे होंगे। आपका दृष्टिकोण सही है। ईश्वर ने ही दुनिया ऐसी बनाई जिसमें लड़का-लड़की दोनों का होना ज़रूरी है।

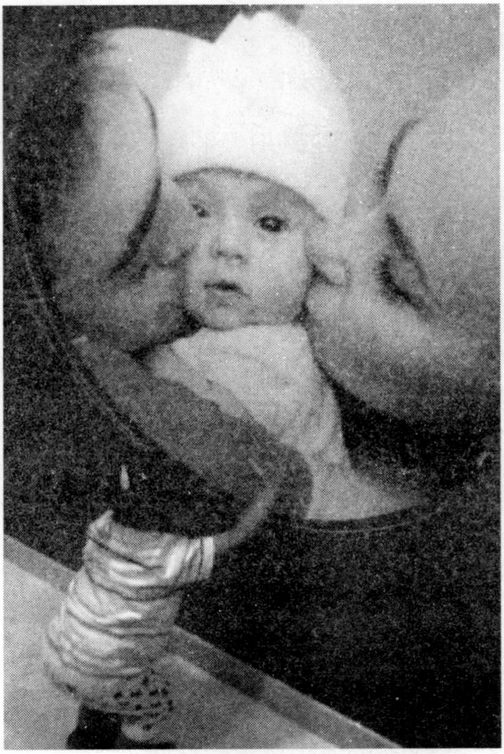

अब बताओ घर में कौन ज़्यादा काम करता है?

एक लड़की—'मिस काम करना, मेहनत करना तो अच्छी बात है न। इसलिए मम्मी हमसे ही मदद लेती हैं, और खुद भी खूब काम करती हैं। भैया खेलने जाता है।' हाँ वैसे भाई को भी घर के कामकाज में हाथ बँटाना चाहिए। एक दूसरे लड़के ने बताया कि उसकी कोई बहन नहीं है। उसे बहुत बुरा लगता है। वह पड़ोस में एक दीदी के साथ खेलने जाता है। उस लड़की की माँ उसे खेलने के लिए बाहर नहीं आने देती। भैया बहुत बड़ा है। वो छुट्टी के दिन भी दिनभर क्रिकेट खेलता है। आंटी उस दीदी को मारती

भी है। पर भैया को कभी कुछ नहीं कहती। हालाँकि दीदी घर का खूब काम भी करती है, और क्लास में अव्वल भी आती है।

ऊपर की तमाम बातचीत से एक बात स्पष्ट है कि भारतीय समाज में एक गम्भीर समस्या व्याप्त है। यह समस्या है लड़का-लड़की में भेदभाव और लड़कियों का शोषण। इतना ही नहीं इससे जुड़ी बहुत-सी और ऐसी बातें हैं जिन्हें एक ज़िम्मेदार नागरिक के तौर पर हमें जानना ज़रूरी है। कुछ रोचक आँकड़े हैं, कुछ गम्भीर प्रश्न हैं और कुछ जानकारी और सरकारी योजनाएँ जिनको हम सबको जानना चाहिए ताकि इस भेदभाव को ख़त्म किया जा सके और हम अच्छे भारतीय नागरिक बन सकें।

एक बच्चे ने प्रश्न किया कि इस तरह तो सारी लड़कियाँ खत्म ही जायेंगी। एक और लड़की का प्रश्न था कि हमें पता कैसा लगता है कि लड़के कम हैं या ज़्यादा? प्रश्न तो बहुत अच्छा है आइये हम इसके बारे में जानते हैं।

जिन रूढ़ि और कानून के बनाने में स्त्री का कोई हाथ नहीं था और जिसके लिए सिर्फ पुरुष ही ज़िम्मेदार है, उस कानून और रूढ़ि के जुल्मों ने स्त्री को लगातार कुचला है। अहिंसा की नींव पर रची गयी जीवन की योजना में जितना और जैसा अधिकार पुरुष को अपने भविष्य की रचना का है, उतना और वैसा ही अधिकार स्त्री को भी अपना भविष्य तय करने का है।

—महात्मा गाँधी

लिंगानुपात क्या होता है ?

हमें पता है कि सारे जीव जन्तुओं और प्राणियों में दो लिंग होते हैं। लड़का-लड़की होते हैं जो आगे जाकर स्त्री-पुरुष हो जाते हैं। जैसा कि नाम से ही पता लगता है कि लिंगों का अनुपात। कितने लड़कों के अनुपात में कितनी लड़कियाँ हैं या कितने पुरुषों के अनुपात में कितनी स्त्रियाँ हैं, इसी अनुपात को लिंगानुपात कहा जाता है। अँग्रेज़ी में इसे चाइल्ड सेक्स रेशियो (CSR) कहा जाता है।

लिंगानुपात के आँकड़ों को लिखने या दर्ज करने के लिए विश्व के देशों में अपने-अपने तरीके हैं। सबसे ज़्यादा प्रचलित तरीका यह है जिसमें एक हज़ार पुरुष की तुलना या अनुपात में स्त्रियों की संख्या लिखी जाती है। भारत में भी हम इसी तरह से लिंगानुपात निकालते हैं।

जनगणना और लिंगानुपात

एक बच्चे का प्रश्न था कि यह कैसे पता लगता है कि कितने पुरुष लड़के हैं और कितनी स्त्रियाँ लड़कियाँ। बच्चों, इसका उत्तर इस प्रकार है। हर देश समय-समय पर अपने नागरिकों की गिनती कराता है। इसे जनगणना कहते हैं। इसी जनगणना के दौरान तरह-तरह की जानकारियाँ हासिल की जाती हैं जिसमें स्त्री-पुरुष, लड़के-लड़की, उम्र, व्यवसाय, धर्म, आमदनी आदि की जानकारी हासिल की जाती है। इसी जनगणना से लिंगानुपात निकाला जाता है। जनगणना के अलावा कई सर्वेक्षण भी होते हैं जिनसे अनेकों जानकारियाँ मिलती है। यह सर्वेक्षण किसी विशेष उद्देश्य को लेकर भी होते हैं। भारत सहित हर देश अपनी-अपनी जनगणना करते हैं जिससे अनेक तरह के आँकड़े उस देश की योजनाएँ बनाने में मददगार होते हैं। विश्व स्तर पर 'संयुक्त राष्ट्र संघ' और उसकी सहयोगी संस्थाएँ भी कई सर्वेक्षण कराती हैं। उनसे भी कभी-कभी लिंगानुपात का पता लग जाता है।

भारत वर्ष में लिंगानुपात की गणना प्रति हज़ार पुरुषों पर

स्त्रियों की संख्या के रूप में की जाती रही है। पिछली जनगणना वर्ष 2011 में की गई थी। उसके पहले 10 वर्ष पूर्व 2001 में जनगणना की गई।2011 की जनगणना में भारत की जनसंख्या 1,21,01,93,422 थी। इस हिसाब से आज 2016 में यह तकरीबन एक अरब पैतीस करोड़ हो जाना अनुमानित है। 2011 की जनगणना में पुरुष 62,37,24,248 थे जबकि स्त्रियाँ 58,64,69,178 थीं।

2001 में प्रति एक हज़ार पुरुष पर 933 महिलाएँ थीं। 10 वर्ष बाद ही यह महिलाएँ 918 हो गईं। यानि कि यह अनुपात चिन्ताजनक स्थिति में बिगड़ रहा है। शिक्षा, जागरूकता, सामाजिक एवं सरकारी प्रयासों के बावजूद इसका गिरना आने वाले समय के लिए एक चेतावनी है।

जैसा कि लिंगानुपात हमने ऊपर देखा उसी तरह से अलग-अलग आयुवर्ग का भी लेखा-जोखा हमें मिल सकता है। इसके साथ-साथ कुल जनसंख्या का प्रतिशत भी मालूम कर सकते हैं। भारत के विभिन्न राज्यों में भी लिंानुपात का पता लगाया जा सकता है।

साठ के दशक तक भारत में लिंगानुपात चिन्ताजनक स्थिति में नहीं था। यह कम होते हुए भी बड़ी समस्याएँ खड़ी करने वाला नहीं था। उस समय यह 950 के आसपास रहता था। ऊपर के आँकड़ों से हम अनुमान लगा सकते हैं कि लड़कियों के निरन्तर गिरते अनुपात से भविष्य में कई तरह की समस्याएँ पैदा होने वाली हैं। इस गिरते हुए अनुपात के कारणों और उपायों पर भी हम चर्चा

कुछ तुलनात्मक आँकड़े

क्र.	जनगणना	2001	2011
1.	भारत की कुल जनसंख्या	1,028,737,436	1,21,01,93,422
2.	पुरुषों की जनसंख्या	5,32,223,090	62,37,24,248
3.	महिलाओं की जनसंख्या	4,96,514,346	58,64,69,178
4.	लिंगानुपात स्त्री–पुरुष	923	918
5.	6 वर्ष तक के बच्चों का लिंगानुपात	927	914
6.	साक्षरता	64.83	74.04 प्रतिशत

करेंगे। एक बात और स्पष्ट है कि यह समस्या कोई प्रकृति की देन नहीं है कि लड़के ज़्यादा पैदा हो रहे हैं और लड़कियाँ कम। इस समस्या की जड़ में हम खुद हैं। यह मानव द्वारा पैदा की गयी समस्या है जिसमें हम लड़कों को ज़्यादा महत्त्व देते हैं और लड़कियों को जन्म लेने के पहले ही मार देते हैं या पैदा होने के बाद। भारत में कई कुरीतियाँ प्रचलित रहीं जिनमें बाल विवाह, सती प्रथा, दहेज प्रथा प्रमुख थीं। पुरुषों ने अपना वर्चस्व कायम करने के लिए भ्रूण और कन्या हत्या जैसी प्रथाओं को जन्म दिया। यही कारण है कि आज हम बिगड़ते लिंगानुपात को एक गम्भीर समस्या के रूप में भुगत रहे हैं।

> *स्त्रियों में यह क्षमता अवश्य होनी चाहिए कि वे अपनी समस्याएँ अपने ढंग से हल कर सकें। उनका यह कार्य न दूसरा कोई कर सकता है, न किसी दूसरे को करना ही चाहिए। हमारे देश की महिलाएँ संसार में किसी भी देश की अन्य महिलाओं के समान यह कार्य करने की क्षमता रखती हैं।*
>
> **—स्वामी विवेकानन्द**

बिगड़ता सन्तुलन-कुछ कारण और उपाय

एक लड़की : हाँ हम समझ गए कि लिंगानुपात क्या होता है और जनगणना कैसे होती है। पर मिस, कानून तो सब के लिए बराबर है। हमें बताया जाता है कि लड़का-लड़की में कोई भेद नहीं होता।

टीचर : हाँ भारत का कानून लड़का-लड़की में कोई अन्तर नहीं करता। पर हमारा समाज करता है। यहाँ तक कि पढ़े-लिखे लोग भी। लड़की को इतना बोझ समझा जाता है कि आजकल माँ-बाप बच्चा पैदा होने के पहले जानना चाहते हैं कि लड़का होगा या लड़की, लेकिन कानून इसकी इजाज़त नहीं देता। गैर-कानूनी तरीके से जाँच कराई जाती है। और लड़की का पता लगने पर उसे पैदा होने से पहले ही मार दिया जाता है। संयुक्त राष्ट्र संघ, भारतीय संविधान और हमारा कानून कोई भेदभाव नहीं मानता। भ्रूण हत्या अपराध है? भ्रूण हत्या यानि बच्चे को माँ के गर्भ में ही मार देना।

एक लड़का : अगर डॉक्टर मारने से मनाकर दे तो?

टीचर्स : अच्छे डॉक्टर मना कर देते हैं पर फिर कई डॉक्टर पैसों के लिए लड़की की हत्या कर देते हैं चुपचाप। आओ हम इसके बारे में जानें।

भारत एक कृषि प्रधान देश है। यह एक विभिन्नताओं का भी देश है। अलग-अलग धर्म, जाति, भाषा और रीति-रिवाज प्रचलित हैं। अलग-अलग क्षेत्रों में प्रगति, शिक्षा, रहन-सहन और अमीरी-गरीबी का प्रतिशत भी अलग-अलग है। उसी तरह से लिंगानुपात और उसके कारण भी अलग-अलग हैं। गिरते लिंगानुपात के कुछ कारण और समाधान के उपाय देखें।

अशिक्षा : 2001 में भारत साक्षरता दर 64.83 प्रतिशत थी जो 2011 में बढ़कर 74.04 प्रतिशत हो गई। कहने का अर्थ यह कि साक्षरता में तकरीबन 10 प्रतिशत की वृद्धि हुई। मान लिया जाए कि अशिक्षा एक बिगड़ते सन्तुलन का कारण है तो इधर 10 वर्षों में दस प्रतिशत की वृद्धि होने पर लिंगानुपात में सकारात्मक

परिवर्तन होना था किन्तु ऐसा नहीं हुआ। इसका मतलब अशिक्षा ही एकमात्र कारण तो नहीं है, पर इसके साथ दूसरे और कारण भी जुड़े हैं। यदि शिक्षा और इससे जुड़े अन्य क्षेत्रों में प्रयास न होते तो 2011 में लिंगानुपात और खराब हो सकता था।

पुरुषों में शिक्षा का प्रतिशत अभी तक अच्छा रहा। अब लड़कियों की शिक्षा पर ज़ोर दिया जा रहा है और पढ़ाई-लिखाई में आज की युवा-पीढ़ी में लड़कियाँ आगे ही नज़र आ रही हैं। यह एक अच्छा संकेत है क्योंकि घर में शिक्षित महिला अपने बच्चों में न केवल अच्छे संस्कार डाल्तती है वरन् सामाजिक कुरीतियों से लड़ने में भी मदद देती है। जिस दिन महिलाएँ यह ठान लें कि उनके अपने गर्भ में ही नहीं, अपने नाते रिश्ते में भी गर्भवती के पेट में लड़की होने का परीक्षण नहीं कराया जायेगा और न ही लड़की की हत्या की जायेगी तो उनकी ज़िद से कायाकल्प हो सकता है। घर में महिलाओं को यह भी शिक्षा देने की आवश्यकता है कि लड़का-लड़की एक समान हैं। जो काम लड़का कर सकता है वह लड़की भी कर सकती है। लड़कियों

ने भी परिवारों का ही नहीं अपने राज्य एवं देश का नाम रोशन किया। वह अपनी लड़कियों को भी अच्छी शिक्षा दें और भेदभाव को खत्म करें। उन्हें सामाजिक बुराइयों, कुरीतियों, रूढ़िवादी रीति-रिवाजों और पुरानी पीढ़ी के दबाव से शिक्षा द्वारा ही छुटकारा दिला सकती हैं।

लड़कियों की शिक्षा पर चिन्ता व्यक्त करते हुए स्वामी विवेकानन्द ने कहा था—"तुम्हारे देश में स्त्रियों को पढ़ना-लिखना सिखाने के लिए कुछ भी प्रयत्न नहीं दिख पड़ता। तुम लोग स्वयं पढ़-लिखकर योग्य बन रहे हो, परन्तु जो तुम्हारे सुख-दुख की भागी है, प्रति क्षण जी-जान से सेवा करती है, उसकी शिक्षा के लिए, उनके उत्थान के लिए तुम लोग क्या कर रहे हो?...तुम्हारे धर्मशास्त्र और देश की परिपाटी के अनुसार क्या कहीं कोई पाठशाला है? स्त्रियों की बात तो जाने दो; इस देश के पुरुषों में भी शिक्षा का विस्तार अधिक नहीं है। इसीलिए सरकारी आँकड़ों में जब देखा जाता है कि भारतवर्ष में केवल कुछ प्रतिशत लोग ही शिक्षित हैं तो लगता है स्त्रियों में एक प्रतिशत भी शिक्षित न होंगी। ऐसा न होता तो देश की ऐसी दुर्दशा क्यों होती? शिक्षा का विस्तार तथा ज्ञान का उन्मेष हुए बिना देश की उन्नति कैसे होगी।"

कृपया समझें कि आप अपनी पुत्री को मार रहे हैं। सामाजिक भोजों पर खर्च कम किया जाना चाहिए। इज्जत के नाम पर बच्चों की हत्याएँ बन्द हों। जब तक बालिकाएँ 18 वर्ष की न हो जाएँ, उनकी शादी नहीं की जानी चाहिए।

—सरदार पटेल

(ढोलका तहसील में सम्बोधन करते समय)

कुरीतियाँ और पिछड़ी सोच

भारत के पिछड़ेपन का एक कारण हमारे समाज में व्याप्त अंधविश्वास, कुरीतियाँ और रूढ़िवादी सोच है। भ्रूण हत्या भी इसी सोच का नतीजा है।

हम आज 21वीं सदी के नागरिक हैं। हमारा देश प्रगतिशील देश है जहाँ हर क्षेत्र में प्रगति हो रही है। भले ही भारत में ''यत्र नार्यस्त पुज्यनते...'' का सिद्धान्त रहा हो। उन्हें एक सम्मानजनक स्थान प्राप्त होते हुए भी दकियानूसी सोच और कुरीतियाँ समाज को कलंकित करती हैं। भारत जैसे देश में यह सोच कि लड़का घर की रोजी रोटी कमायेगा, घर चलायेगा और लड़कियाँ तो पराया धन है इसलिए वो न पैदा हों तो अच्छा है। लड़कियों को इसलिए बोझ समझा जाता है कि दहेज आदि जैसी कुरीतियों के

कारण भी लड़कियों के न होने को हितकर समझा जाता है। इसके अलावा भी बहुत सारी ऐसी पिछड़ी सोच है जिससे कन्याओं की हत्या की जा रही है। हरियाणा और पंजाब जैसे राज्यों में कई अन्य राज्यों के मुकाबले न केवल गरीबी कम है बल्कि शिक्षा का प्रतिशत भी अच्छा है। फिर क्या कारण है कि यहाँ का लिंगानुपात सबसे खराब है। पिछली जनगणना के आँकड़े बताते हैं कि हरियाणा में एक हज़ार पुरुषों पर 877 महिलाएँ थीं। वहीं पंजाब में केवल 853 महिलाएँ। मिजोरम और मेघालय जैसे प्रान्तों में जहाँ महिलाओं को न केवल सम्मान दिया जाता है बल्कि उनको बहुत से आर्थिक अधिकार भी प्राप्त हैं और शिक्षा का प्रतिशत भी अच्छा है, वहाँ यह लिंगानुपात बहुत अच्छा रहा है। छः वर्ष से कम बच्चों का मिजोरम में अनुपात 1000 : 971 है। इसके बाद मेघालय और छत्तीगढ़ हैं जबकि यह राज्य आर्थिक दृष्टि से पंजाब और हरियाणा से काफी पीछे है।

अशिक्षा एक अभिशाप है और इस संचार-क्रान्ति के युग में लड़कियाँ शिक्षित होने पर वे अपने परिवार को शिक्षित कर सकती हैं और आर्थिक तौर पर आत्मनिर्भर हो सकती हैं। शिक्षा के लिए जब जागरूकता आयेगी, ज्ञान बढ़ेगा और तर्क करने की शक्ति का विकास होगा तो पढ़ी-लिखी लड़कियाँ और बहुएँ रीति-रिवाजों, कुरीतियों और रूढ़ियों को मानने से पहले कई तरह के प्रश्न करेंगी। अगर उन्हें सन्तोषप्रद उत्तर न मिला तो वह इन्हें मानने से इनकार करने का भी साहस जुटा लेंगी।

कानूनों की रचना ज्यादातर पुरुषों के द्वारा हुई है। और इस काम को करने में, जिसे करने का जिम्मा मनुष्य ने, अपने ऊपर खुद ही उठा लिया है, उसने हमेशा न्याय और विवेक का पालन नहीं किया है। ***—महात्मा गाँधी***

विज्ञान और टेक्नोलॉजी

विज्ञान और टेक्नोलॉजी तो विकास के कारक होने चाहिए पर यहाँ तो यह अभिशाप बन गए हैं। पूर्व में जब भ्रूण परीक्षण नहीं हो पाता था या बहुत ज़्यादा महँगा था तब लड़के की चाहत में कई लड़कियाँ पैदा होती थीं पर उनकी भ्रूण हत्या नहीं होती थी। अब तो बहुत कम लागत में गाँव-गाँव में भ्रूण परीक्षण की सुविधा है जिससे आने वाले बच्चे के लिंग का पता चल जाता है। ऐसा परीक्षण करने वाले माँ-बाप का उद्‌देश्य यही है कि लड़की होने की संभावना है तो उसे इस धरती पर आने के पहले ही मार दिया जाए। ऐसे परीक्षण और भ्रूण हत्या दोनों ग़ैर कानूनी हैं फिर भी यह खुलेआम हो रहे हैं। आजकल नये-नये उपकरणों और टेक्नोलॉजी के विकास से ये काम बहुत आसान हो गया है।

बच्चों, ऊपर एक बच्चे ने बहुत अच्छा प्रश्न किया था कि अगर हमारे डॉक्टर भ्रूण परीक्षण करना और उसके बाद भ्रूण को मार देने के लिए मना कर दें तो क्या हो? आपने बिल्कुल सही विचार किया है। गर्भपात का अर्थ होता है माँ के पेट में ही भ्रूण की हत्या कर देना।

भ्रूण परीक्षण और भ्रूण हत्या माँ-बाप कैसे करा सकते हैं अगर हमारे डॉक्टर ज़िम्मेदार हों? डॉक्टरी व्यवसाय एक सम्मानजनक व्यवसाय माना गया है लेकिन रातों रात करोड़पति, अरबपति बनने की चाह में कुछ ग़ैर ज़िम्मेदार डॉक्टर अपने व्यवसाय को बदनाम कर रहे हैं। सरकार ने उनके लिए भी कड़े कानून बनाये हैं। इसे सख्ती से लागू किया जाना चाहिए।

श्री नरेन्द्र मोदी ने डॉक्टरों से अपनी नाराज़गी व्यक्त करते हुए पानीपत में कहा—

"मैं डॉक्टरों से पूछना चाहता हूँ कि पैसे कमाने के लिए यही जगह बची है क्या? और ये पाप के पैसे आपको सुखी करेंगे क्या? अगर डॉक्टर का बेटा कुँवारा रह गया और आगे चलकर शैतान बन गया तो डॉक्टर के पैसे किस काम आएँगे। क्या आपका यह दायित्व नहीं है कि आप इस पाप में भागीदार न बनें। ... आपको डॉक्टर बनाया है समाज ने, आपको पढ़ा-लिखाकर तैयार किया है। गरीब के पैसे से पलकर बढ़े हुए हो। आपको पढ़ाया

गया है किसी की जिन्दगी बचाने के लिए, किसी की पीड़ा को मुक्त करने के लिए। आपको बच्चियों को मारने के लिए शिक्षा नहीं दी गयी है। अपने आपको झकझोरिए, पचास बार सोचिए, आपके हाथ निर्दोष बेटियों के खून से रंगने नहीं चाहिए। जब शाम खाना खाते हो तो उस थाली को देखो। जिस माँ ने, जिस पत्नी ने, जिस बहन ने खाना बनाया है वो भी तो किसी की बेटी है। अगर वो भी किसी डॉक्टर के हाथ चढ़ गयी होती, तो आज आपकी थाली में खाना नहीं होता। ..."

सरकार हो, समाज हो, गाँव हो, परिवार हो, माँ-बाप हो हर किसी की एक सामूहिक जिम्मेवारी है और जब तक समाज के रूप में हम इस समस्या के प्रति संवेदनशील नहीं होंगे, जागरूक नहीं होंगे, तो हम अपना ही नुकसान करेंगे सिर्फ ऐसा नहीं है, बल्कि हम आने वाली सदियों तक पीढ़ी दर पीढ़ी एक भयंकर संकट को निमन्त्रण दे रहे हैं।

—नरेन्द्र मोदी

सरकार, कानून और प्रशासन

बच्चो! आपको पता है कि चाहे आपका स्कूल हो, बाजार हो, रेल या सड़क से यात्रा, सब जगह एक अनुशासन की आवश्यकता होती है। इसी अनुशासन को बनाये रखने के लिए अलग-अलग स्तर पर कुछ नियम कायदे बनाये जाते हैं जिन्हें हम कानून कहते हैं। कई व्यवस्थाएँ तो हमें हमारे संविधान ने दी हैं, कई कानून केन्द्र सरकार बनाती है और कुछ क्षेत्रों में कानून बनाने की जिम्मेदारी राज्य सरकारों या अन्य इकाइयों की है। ये इकाइयाँ सरकारी अधिकृत ऐजन्सियाँ, ग्राम पंचायतें आदि होती हैं। कानून व्यवस्था को लागू करने के लिए पुलिस विभाग होता है और कानून न मानने वालों को दंड देने के लिए अलग-अलग स्तर पर न्यायालय होते हैं। कानून का होना ही कभी किसी अपराध को नहीं रोक सकता। हमारे देश में बहुत अच्छे और सख्त कानून उपलब्ध हैं। परन्तु जब तक प्रशासन और पुलिस इन्हें सख्ती से लागू नहीं कराती उनका होना, न होने जैसा है।

प्रशासन और पुलिस की अपनी सीमाएँ हैं और बिना जन सहयोग के उन्हें अपने काम में दिक्कतें आती हैं। इसीलिए ज़रूरत है कि हम न केवल ग़ैरकानूनी कार्यों से बचें बल्कि जहाँ ये हो रहे हैं वहाँ इनकी रोकथाम में प्रशासन और पुलिस की मदद करें। सरकार की नीयत भी साफ है और वह इस कलंक को धो देना चाहती है। 'बेटी बचाओ-बेटी पढ़ाओ' योजना भी इसी दिशा में एक कदम है। इसकी जानकारी हम आप लेंगे।

आर्थिक निर्भरता

भारतीय समाज हज़ारों वर्षों से पुरुष प्रधान रहा है और आज भी है। हर क्षेत्र में पुरुष का वर्चस्व रहा और स्त्री को दूसरा दर्जा दिया गया क्योंकि हमारी सोच और विचारधारा पुरुष प्रधान थी। महिलाएँ बहुत समय से पुरुष पर निर्भर रही हैं। यही कारण है कि अनेकों बार न चाहते हुए भी उन्हें पुरुष की बात मानना पड़ती है और वो भ्रूण हत्या जैसे पाप में भागीदार हो जाती हैं। जिस

दिन हम लड़कियों को शिक्षित कर इस आर्थिक निर्भरता को खत्म कर देंगे। निश्चित मानिये लड़के-लड़की के भेदभाव में कमी आयेगी। ऐसा नहीं है कि नारी ने पुरुषों के एकछत्र राज को चुनौती नहीं दी पर उसे बहुत ज़्यादा समर्थन नहीं मिला।

आज नारी जैसे-जैसे आर्थिक तौर पर आत्मनिर्भर हो रही है वह अपने निर्णय स्वयं लेने लगी है। इससे निश्चित ही भ्रूण हत्या के मामलों में कमी आयेगी।

असमानता

एक बच्चे ने अपनी मेडम से बहुत अच्छी बात कही थी। उसने कहा था कि हमें तो बताया जाता है कि सब एक समान हैं फिर लड़का-लड़की में भेदभाव कैसा? हाँ बच्चो, हमारा कानून लड़का और लड़की में भेदभाव नहीं करता लेकिन सदियों से पुरुष वर्ग अपना वर्चस्व बनाये रखना चाहता है, इसलिए उसने इस तरह की व्यवस्थाएँ और रूढ़ियाँ बना रखी थीं ताकि महिलाएँ किसी भी क्षेत्र में उसके बराबर न आ पाएँ। यही कारण है कि हमारे संविधान ने महिलाओं को समानता, स्वतन्त्रता एवं आर्थिक निर्भरता के लिए बहुत सारे प्रावधान किए हैं। फिर भी स्त्रियों के साथ आज भी भेदभाव हो रहा है। ये भेदभाव विशेषकर राजनीति और आर्थिक क्षेत्रों में है। हमारे संविधान के निर्माता

डॉ. भीमराव अम्बेडकर ने बड़े स्पष्ट शब्दों में कहा था कि राजनीति स्वाधीनता का मूल आधार सामाजिक स्वाधीनता होता है। सामाजिक स्वाधीनता के स्वतन्त्रता, समानता और भाईचारा तीन आधारभूत सिद्धान्त होते हैं, जो कि त्रिमूर्ति की भाँति कभी एक-दूसरे से अलग नहीं किए जा सकते। स्वतन्त्रता की अनुपस्थिति में समानता तो जीवन के प्रारम्भिक व मूल उद्देश्य को ही समाप्त कर देती है।

'विश्व स्तर पर भी महिलाओं के साथ भेदभाव होता रहा है।' संयुक्त राष्ट्र संघ इस भेदभाव को मिटाने के लिए प्रयत्नशील है। हमारे संविधान निर्माता और सरकारें भी इस भेदभाव मिटाने के लिए दृढ़ संकल्प हैं।'

भारत जैसे विभिन्नताओं वाले देश में अलग-अलग जगह अलग-अलग कारण होंगे हम ऐसा मान सकते हैं। ऊपर बताये कारण और निदान कुछ एक जैसे ही हैं और सब ज़गह लागू नहीं हो सकते। किन्तु अगर हमारा समाज और विशेष कर युवा वर्ग जागरूक हो जाए, कोई कारण नहीं कि हम भविष्य में आने वाली एक बहुत बड़ी समस्या के समाधान की तरफ नहीं बढ़ सकते। इसे एक आन्दोलन के तौर पर चलाने की आवश्यकता है। आइये हम सब मिलकर यही प्रण करें कि न केवल खुद इन अपराधों से बचेंगे बल्कि नाते-रिश्ते, दोस्त यारी और आस-पड़ोस में भी इसके होने पर अपना विरोध जतायेंगे और इसकी रोकथाम में प्रशासन और पुलिस को विभिन्न तरीकों से मदद करेंगे। इसके साथ ही समाज के लिए कल्याणकारी योजनाओं में हम अपनी भागीदारी भी सुनिश्चित कर सकते हैं।

क्या यह प्रगति है?

चाँद और मंगल पर पहुँचने वाला हमारा समाज अब भी बेटियों को बोझ समझ रहा है। ऐसे में एक ही सवाल दिमाग में बार-बार कौंधता है कि आखिर कहाँ क्या कमी रह जाती है?

शिक्षा के प्रचार-प्रसार के साथ थोड़ा बहुत परिवर्तन आया है। पर आज भी समाज का बहुत बड़ा तबका जिसमें पढ़े-लिखे लोग भी शामिल हैं, सोचते यह हैं कि बेटा तो खानदान का चिराग है और बेटियाँ 'बोझ'। यही कारण है कि टेक्नोलॉजी का नाजायज़ फायदा उठाकर बेटियों की हत्या इस धरती पर आने से पहले ही कर दी जाती है। कहा जाता है कि जिस भवन की नींव जितनी मजबूत होगी वो भवन उतना ही मजबूत और उम्रदराज़ होगा। बेटी और उसके संस्कार भी एक परिवार के लिए इसी तरह की नींव कर काम करते हैं। पढ़ी-लिखी और समझदार लड़की एक परिवार की कई पीढ़ियों को सुधार सकती है।

प्राचीन काल से ही घर में कन्या की उपस्थिति एक शुभ लक्षण की तरह मानी जाती रही है। धार्मिक मान्यताओं में भी देखें तो लड़की पैदा होने पर लक्ष्मी का आगमन कहा जाता था। यह माना जाता था कि ज़रूर हमारे पूर्वजों ने कुछ पुण्य कर्म किये होंगे जो सुन्दर सुशील लक्ष्मी हमारे घर में आई है। अनेक धार्मिक गुरुओं और महात्माओं ने बेटी को माँ-बाप की आत्मा और बेटे को हृदय कहा है। बेटी से हमारा रिश्ता जन्म-जन्मान्तर का होता है। वह भला हमसे कैसे अलग हो सकती है?

हमारा युग तो आधुनिक है पर लगता है हम बहुत पिछड़े हुए हैं। हमारी मानसिकता अभी भी पिछली शताब्दियों जैसी ही है। पुराने साहित्य और धर्मग्रन्थों में देखें तो नारी का कितना सम्मान था। पर आज क्या है? संविधान और कानून हो या संयुक्त राष्ट्र संघ द्वारा बताए गये मानव-अधिकार, सभी समानता कि दुहाई देते हैं, लेकिन ज़मीनी हकीकत यह है कि आज भी बेटा-बेटी

को एक समान मानने वालों का प्रतिशत बहुत ज़्यादा नहीं है। भारतीय समाज में व्याप्त रूढ़ियाँ, अशिक्षा और अनेकों सामाजिक बुराइयाँ हमें और हमारी मानसिकता को कुंठित किए हुए हैं।

बेटी परिवार का स्नेह बिन्दु होने की जगह प्रताड़ना का केन्द्र और बेटा अनेकानेक बुराइयों के बावजूद हमारा स्नेह पात्र बना रहता है। बेटी इतने तिरस्कार, घृणा और अत्याचार के बावजूद भी प्यार और स्नेह बिखेरती है। वो चाहे माँ के रूप में हो, बहन या पत्नी के रूप में या अन्य करीबी रिश्तों से जुड़ी या फिर एक मित्र के नाते। दोस्त को छोड़कर सारे रिश्तों का सम्बन्ध दूध और रक्त से होता है। वैसे तो आपको पता ही होगा कभी-कभी माँ

मैंने समय-समय पर यह बताया है कि स्त्री में विद्या का अभाव इस बात का कारण नहीं होना चाहिये कि पुरुष स्त्री से मनुष्य समाज के स्वाभाविक अधिकार छीन ले या उसे वे अधिकार न दे। किन्तु इन स्वाभाविक अधिकारों को काम में लाने के लिए, उनकी शोभा बढ़ाने के लिए और उनका प्रचार करने के लिए स्त्रियों में विद्या की जरूरत आवश्यक है। साथ ही विद्या के बिना लाखों को शुद्ध आत्मज्ञान भी नहीं मिल सकता।

—महात्मा गाँधी

बहन या बुआ भी अच्छे दोस्त होते हैं। मैंने तो दादी और पोता-पोती को भी दोस्त की तरह हँसते-खेलते और मजाक करते देखा है लेकिन इस गुरु की हम और हमारी आधुनिक-प्रगतिशील मानसिकता कितना आदर करती है ? कुछ स्वार्थी तत्वों ने अमीर-गरीब, ऊँची जात-नीची-जात, हिन्दु-मुसलमान और ऐसे ही कई वर्ग भेद कर दिए। लेकिन इसके साथ ही उन्होंने विधाता की रचना यानी स्त्री-पुरुष में भी एक बड़ा अन्तर पैदा कर इन्हें दो वर्गों में विभाजित कर दिया।

बेटियाँ पहले माँ-बाप के लिए समर्पित होती हैं फिर विवाह के बाद पति और ससुराल के लिए। आपने क्या कभी लड़कियों और लड़कों के समर्पण में समानता देखी है ? लड़कियाँ स्वभाव एवं प्रकृति से ही समर्पित और संवेदनशील होती हैं। क्या कभी आपने स्त्री की तरह पुरुषों को करवा चौथ और छठ जैसा उपवास करते हुए देखा या सुना है ?

‘बेटी बचाओ-बेटी पढ़ाओ’ योजना का शुभारम्भ

पानीपत 20 जनवरी, 2015

'बेटी बचाओ-बेटी पढ़ाओ' योजना

1960 के बाद निरन्तर घटते लिंगानुपात से वर्तमान प्रधानमन्त्री और सरकार भी चिन्तित है। प्रधानमन्त्री ने इस समस्या से जुड़े तथ्य और आँकड़ों का अध्ययन किया। उन्होंने जब पाया कि हरियाणा राज्य अन्य मामलों में तो विकास कर रहा है पर यहाँ लड़कियों की संख्या दिन पर दिन गिरती जा रही है। उन्होंने सरकार की एक नई योजना शुरू करने के लिए हरियाणा के ही एक जिले को चुना।

22 जनवरी, 2015 को हरियाणा के पानीपत में श्री नरेन्द्र मोदी ने एक ओजपूर्ण भाषण दिया। 'क्या कभी हमने कल्पना की है कि समाज की जो अवस्था हम बना रहे हैं, अगर यही चलता रहा तो आने वाले दिनों में हाल क्या होगा? आज भी हमारे देश में एक हज़ार बालक पैदा हों, तो उनके बराबर में एक हज़ार बालिकाएँ भी पैदा होनी चाहिए, वरना संसार चक्र नहीं चल सकता। आज पूरे देश में यह चिन्ता का विषय है। यहीं आपके हरियाणा में झज्जर जिला देख लीजिए, महेन्द्रगढ़ देख लीजिए। एक हज़ार बालकों के मुकाबले पौने आठ सौ बच्चियाँ हैं। हज़ार में करीब-करीब सवा दो सौ बच्चे कुँवारे रहने वाले हैं। मैं ज़रा माताओं से पूछ रहा हूँ कि अगर बेटी पैदा नहीं होगी तो बहू कहाँ से लाओगे? हम चाहते हैं कि बहू तो पढ़ी-लिखी मिले, लेकिन बेटी को पढ़ाना है तो पचास बार सोचने के लिए मजबूर हो जाते

हैं। यह अन्याय कब तक चलेगा। यह हमारी दोहरी सोच कब तक चलेगी।'

प्रधानमन्त्री ने सरकारी प्रयासों का जिक्र करते हुए 'बेटी बचाओ-बेटी पढ़ाओ' योजना की शुरुआत की और सारे भारतवासियों का आह्वान किया कि भ्रूण हत्या ख़त्म करने के लिए सब मिलकर आगे आयें क्योंकि यह हमारी सामूहिक ज़िम्मेदारी है।

भ्रूण हत्या रोकने में महिलाएँ विशेष योगदान दे सकती हैं। प्रधानमन्त्री ने सब महिलाओं से अपील की कि वह देश पर लगे इस कलंक को धो डालें। लड़कियों को बोझ न समझें, उन्हें अच्छी शिक्षा देकर आत्मनिर्भर बनाएँ।

इस योजना के दो पक्ष हैं, और इसके दूरगामी परिणाम होंगे। पहला पक्ष है बेटी बचाओ। ऊपर हमने लिंगानुपात, भ्रूणहत्या आदि के बारे में विस्तृत चर्चा की है। अब बेटियाँ बच तो गईं, लिंगानुपात अच्छा हो गया पर अगर यह बेटियाँ निरक्षर रहीं तो हम एक सदी

पहले का अच्छा लिंगानुपात हासिल करके भी पिछली सदी में वापस चले जायेंगे।

भारत में साठ के दशक में लिंगानुपात गिरना शुरु हुआ और नब्बे के दशक तक चिन्ताजनक स्थिति में आ गया। इसी नब्बे के दशक में शिक्षा के कुछ आँकड़ों का अध्ययन करें। 1997 में प्राथमिक शिक्षा में लड़कों की तुलना में लड़कियों की उपस्थिति कितनी खराब थी।

ऊपर के आँकड़े बताते हैं कि प्राथमिक स्तर पर गाँवों में वास्तविक उपस्थिति लड़कों की 68 प्रतिशत थी तो लड़कियों की 56 प्रतिशत। शहरों में स्थिति कुछ बेहतर थी। विश्व स्तर पर हम बहुत पिछड़े थे, और हैं। 1997 में हमारा नीचे से दूसरा नम्बर था। भारत में प्राथमिक शिक्षा में वास्तविक नामांकन लगभग 49 प्रतिशत था जो बालिका शिक्षा के क्षेत्र में हमारी खराब स्थिति को दर्शाता है। इनमें से भी 26 प्रतिशत बालिकाएँ बीच से ही विद्यालय छोड़कर चली जाती हैं।

अब स्थिति काफी बेहतर है और 'बेटी बचाओ-बेटी पढ़ाओ' योजना का उद्देश्य भी यही है कि इसे शत-प्रतिशत किया जाये। गाँव और शहर में न केवल शिक्षा का स्तर, बल्कि नामांकन, विद्यालय न छोड़ने और उत्तीर्ण होने का प्रतिशत भी अच्छा हो। इस दिशा में केन्द्र और राज्य सरकारों की सैकड़ों योजनाएँ हैं, परन्तु इस नई योजना से इस उद्देश्य को पाने में हमें निश्चित रूप से सफलता प्राप्त होगी।

लड़की कितनी मौत मरें ?

प्रधानमंत्री ने 'बेटी बचाव-बेटी पढ़ाओ' योजना का शुभारम्भ करते हुए अपने भावपूर्ण भाषण में कहा, 'कभी-कभी लगता है कि बेटी तो पराये घर की है। मैं जरा पूछना चाहता हूँ सचमुच में यह सही सोच है क्या? अरे बेटी के लिए तो आपका घर पराया होता है, पर जिस घर आप भेजते हो वो पल दो पल में उसको अपना बना लेती है। कभी पूछती नहीं कि मुझे उस गाँव में क्यों डाला, मुझे उस कुटुम्ब में क्यों डाल दिया। जो भी मिले उसको सिर आँखों पर चढ़ाकर अपना जीवन खपा देती है और अपने माँ-बाप के संस्कारों को उजागर करती है।...आपने कभी सोचा है यही तो हरियाणा की धरती है जहाँ की बेटी पर पूरा विश्व गर्व करता है। जिस धरती पर कल्पना चावला का जन्म हुआ हो, उसी धरती पर माँ के गर्भ में पल रही कल्पना चावलाओं को मार कर हम दुनिया को क्या मुँह दिखलाएँगे?' यह कैसी प्रगति है, यह कैसा संचार-क्रान्ति का युग है, यह कैसी शिक्षा है जो

लड़कियों को अशिक्षित रखने की शिक्षा देती है, उसे गुलाम बनाने को कहती है, उसका बाहर कदम रखना वर्जित करती है। हम पहले बेटी होने की उसे सज़ा देते हैं फिर उसे हर रोज़ मारते हैं। लड़की रोज़-रोज़ कैसे मरती है, पता है? पहले उस पर तमाम पाबन्दियाँ लगाकर अशिक्षित रखकर, फिर बाल-विवाह करके, फिर दहेज न लाने का लाछंन लगाकर और फिर ज़िन्दा जलाकर।

अब तो सती प्रथा समाप्त हो गई है। हम धन्यवाद करते हैं राजा राममोहन राय और अन्य महापुरुषों का। तब पति की मौत पर उसे भरी जवानी में आग की लपटों पर जीवन त्यागना पड़ता था। अब इससे छुटकारा मिला है तो जवानी में विधवा हुई लड़की, पति को खा जाने का लाछंन लिए रोज़-रोज़ मरती है। क्योंकि हमारा यह प्रगतिशील समाज विधवा विवाह को अधर्म मानता है।

एक तरफ परिवार नियोजन अपनाएँ तो लड़की पर बांझ होने का लांछन और रोज़-रोज़ पूरे गाँव के ताने, सड़क पर निकल जाएँ तो कानफोड़ू सीटियाँ, आपकी हवस के लिए राज़ी न हो

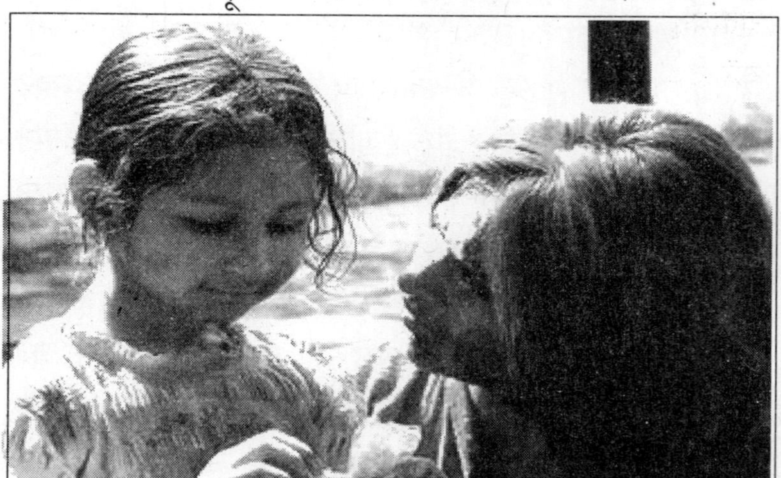

तो एसिड फेंक दो, बाहर पढ़ने या नौकरी करने जाना चाहे तो बदचलन कहो। विडम्बना यह है कि हम आगे बढ़ रहे हैं, बड़े-बड़े कॉलेज और विश्वविद्यालय खोल रहे हैं, शिक्षित हो रहे हैं, नई-नई चीजों का अविष्कार हो रहा है। संचार के शानदार साधन उपलब्ध हो गए हैं पर इन सब पर पुरुष अपना एकाधिकार समझ रहा है। उसकी मानसिकता में अभी भी 18वीं सदी बसी पड़ी है। एक और बड़ा दुखद पक्ष यह है कि जिस माँ पर परिवार और वंश चलाने की एक महत्त्वपूर्ण ज़िम्मेदारी है और उसकी भागीदारी के बिना यह असम्भव है, वो खुद ऊपर के सभी कार्यों में सीधे या परोक्ष रूप से शामिल रहती है। भ्रूण हत्या जैसी विनाश लीला क्या माँ की सहमति के बिना सम्भव है ? जो माँ प्यार और करूणा की मूर्ति हो, किसी और का बच्चा भूखा देखकर भी जिसकी आँखों में आँसू आ जाते हों और स्तन से दूध प्रवाहित होने लगता हो, वो अपनी कोख में ही अपनी ही सन्तान का कत्ल कर दे यह कुछ समझ से परे है। फिर कहीं अनचाही बच्ची हो जाए तो दिन रात वो खुद भी जीते जी मरे और बच्ची को भी मरने पर मजबूर कर दे।

नारी हत्यारिन नहीं सर्जक है। नारी शक्ति है और घर परिवार की विधाता। आइये इसे इतना शिक्षित और समर्थ कर दें कि यह किसी दबाव में न आकर अपने प्रतिष्ठित नाम के अनुरूप आचरण करे और हम सब उसे सहयोग दें।

हमारा गौरवमय अतीत और आज

विश्व के अनेक देशों के इतिहास की परख करें, उनके समाज और संस्कृति का अध्ययन करें और इस पर उपलब्ध साहित्य को देखें तो हम तुरन्त इस निष्कर्ष पर पहुँच सकते हैं कि भारतीय समाज एवं संस्कृति में जितना गौरवपूर्ण स्थान स्त्री को दिया गया वैसा कहीं और नहीं है।

हमारे गौरवमय अतीत पर बात करते हुए प्रधानमन्त्री श्री नरेन्द्र मोदी ने कहा—'बेटी के लिए जो आशीर्वाद दिए जाते थे वो आज भी हमें, बेटियों को किस तरह देखना चाहिए, उसके लिए हमें संस्कार देते हैं, दिशा देते हैं। हमारे शास्त्रों ने कहा था जब हमारे पूर्वज आशीर्वाद देते थे तो कहते थे जब तक गंगा का नाम है, जब तक कुरुक्षेत्र की याद है, जब तक हिमालय है, जब तक कथाओं में सीता का नाम है, तब तक हे बालिका तुम्हारा जीवन अमर रहे। ये आशीर्वाद इसी धरती पर दिया जाता था और उसी धरती पर बेटी को बेमौत मार दिया जाय तो उसके मूल में हमारी मानसिक ग़रीबी ज़िम्मेदार है, हमारे मन की बीमारी ज़िम्मेदार है। ये मन की बीमारी है क्या? हम बेटे को अधिक

महत्त्वपूर्ण मानते हैं और ये मानते हैं कि बेटी तो पराए घर जाने वाली है। ये मानसिक ग़रीबी की अनुभूति परिवार में होती है। माँ जब खुद बच्चे को खाना परोसती है तो दो चम्मच घी बेटे को और एक चम्मच घी बेटी को डालती है...ये कब तक हम अपने-पराये की बात करते रहेंगे। इस लिए हम सबका दायित्व है कि हम समाज को जगाएँ।'

ऐसा नहीं है कि हमारे पुरुष प्रधान समाज में स्त्री का यह हाल भारत में ही था। कई अनेक देशों और सभ्यताओं में प्रतिकूल परिस्थितियों में स्त्री अपने अस्तित्व के लिए संघर्ष करती रहीं हैं। द्वितीय विश्वयुद्ध के बाद तेजी से नारी चेतना का विकास हुआ और उसने अपने स्वाभिमान और अधिकारों के लिए लड़ना शुरु कर दिया। उसने पुरुष पर निर्भरता को कम करने के लिए आर्थिक रूप से स्वतन्त्र होने की तरफ क़दम बढ़ाया। हालाँकि पुरुषों ने गुपचुप ही सही इस क़दम को कुचलने का प्रयत्न किया।

'संयुक्त राष्ट्र संघ' के प्रयास भी सराहनीय रहे। भारत में भी इसका असर स्पष्ट देखने को मिला। आज भारत में स्त्रियाँ राष्ट्रपति, प्रधानमन्त्री, राज्यपाल, डॉक्टर, इंजीनियर हैं तो वहीं

उन्होंने प्रशासनिक सेवा, पुलिस, उद्योग और शिक्षा में अपना लोहा मनवाया है। अब तो लड़कियाँ सेना और अधसैनिक बलों में हैं, पायलट हैं, जज और प्रोफेसर हैं। इन्होंने अनेक पद्म पुरस्कार, अर्जुन पुरस्कार, द्रोणाचार्य पुरस्कार, ध्यानचन्द पुरस्कार, और राज्यों के विक्रम पुरस्कार भी जीते हैं। कई खेल रत्न पुरस्कार भी इनके पास हैं। अभी अभी कुछ माह पूर्व रियो में ओलम्पिक खेलों का समापन हुआ। वहीं पर पैरा ओलम्पिक भी सम्पन्न हुए। इन दोनों खेलों में भारतवर्ष की लड़कियों एवं महिलाओं ने पुरुषों से ज़्यादा कामयाबी हासिल की। लड़कियाँ पढ़ाई में तो लड़कों से आगे निकल ही गई हैं, अन्य क्षेत्रों में वह अपना लोहा मनवा रही हैं और वह लड़कों से किसी मामले में कम नहीं।

लड़कियाँ हमारा गौरव

रानी दुर्गावती, महारानी लक्ष्मीबाई और रानी कमलापति की गौरवपूर्ण परम्परा में लड़कियों और महिलाओं ने काफी उल्लेखनीय काम किए। स्वतन्त्रता संग्राम में उनका अभूतपूर्व योगदान रहा, जिससे आज हम स्वतन्त्र हैं। स्वतन्त्रता के बाद सरोजिनी नायडू, श्रीमती विजय लक्ष्मी पंडित, प्रधानमन्त्री श्रीमती इन्दिरा गाँधी, वैज्ञानिक टेसी थॉमस, उड़नपरी पी.टी. उषा ने भारत का गौरव बढ़ाया व बहुत सी और लड़कियाँ रहीं, जिनके नाम से हमारा सर ऊँचा हो जाता है। यह सब जाने-माने व्यक्तित्व रहे। इसके साथ ही उन क्षेत्रों में लड़कियाँ आगे आईं जो या तो पिछड़े या गरीब थे या फिर जहाँ यह कलंक था कि लड़कियों को उन क्षेत्रों में बोझ समझा जाता था, बल्कि उन्हें घर तक ही सीमित रखना वहाँ की रीति और मजबूरी थी। आइये आपको कुछ ऐसी ही लड़कियों से मिलवाते हैं।

क्या आपने कल्पना चावला का नाम सुना। यह उस हरियाणा

की बेटी है जहाँ आज भ्रूण हत्या और सबसे खराब लिंगानुपात के लिए बदनामी झेलनी पड़ रही है। यह अन्तरिक्ष में जाने वाली पहली महिला थी।

बछेन्द्री पाल को हम ज़्यादा अच्छे से जानते हैं क्योंकि उन्होंने दुनिया की, हिमालय की सबसे ऊँची चोटी फतह कर पहली भारतीय महिला पर्वतारोही बनने का गौरव प्राप्त किया। पर शायद हमें यह नहीं मालूम कि वह एक पिछड़े इलाके उत्तराखंड से आईं और गरीबी में अपना जीवन जिया।

उनके साथ यह गौरव जुड़ा है कि वे आज भी लड़कियों को प्रोत्साहन और प्रेरणा देकर अपने जैसा बनाने की कोशिश में लगी हैं। उन्होंने कुछ वर्ष पूर्व ही एक और विश्व कीर्तिमान स्थापित किया जब उन्होंने ऊँटों पर रन ऑफ कच्छ से लेकर बाघा बॉर्डर तक दस लड़कियों के साथ ऊँट सफारी की और 'लिम्का बुक ऑफ वर्ल्ड रिकॉर्ड' में अपनी उपस्थिति दर्ज कराई।

इसी तरह की गरीबी और पिछड़ेपन से जूझकर मेरी काम ने देश के लिए अनेकों पद हासिल किए और यह साबित कर दिया कि साधन नहीं साधना से विश्व जीता जा सकता है और इस पर केवल पुरुषों का ही अधिकार नहीं है। अभी हाल ही में सम्पन्न ओलम्पिक में दीपा करमाकर और साक्षी मलिक भी ज़्यादा साधन सम्पन्न नहीं थीं पर उनमें दृढ़निश्चय था। पी.वी संधु ने भी लड़कों को पीछे छोड़ दिया।

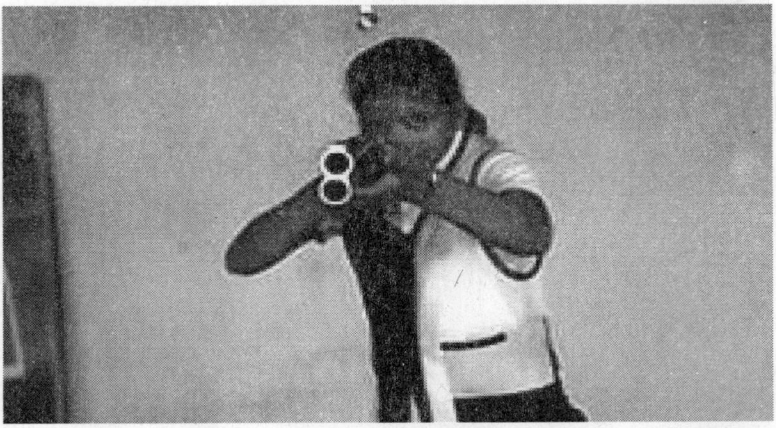

मध्य प्रदेश में एक मछुवारे की लड़की मनीषा कीर ने गरीबी और तमाम अभावों में रहते हुए अपनी मेहनत और समर्पण के बल पर विश्व जूनियर स्तर पर शूटिंग में देश के लिए अनेकों पदक लिए हैं। उनके साथ ही इसी स्तर पर प्रगति दुबे भी अपने प्रदेश और देश का नाम रोशन कर रही हैं। मजदूरों की बेटियाँ काइकिंग और क्नोइग में देश का प्रतिनिधित्व कर रही हैं। कीर्ति केवट और सोना कीर ने भी इसी तरह की गरीबी में पलकर लड़कों के स्थापित क्षेत्र में अपना वर्चस्व कायम किया है। ऐसी संघर्षशील और प्रतिभावान बच्चियों पर हमें गर्व हैं।

बेटियाँ ही तो बहुएँ, माँ और दादी-नानी हैं

बेटियों की कमी यानी बहुओं का अकाल। यह कोई कहावत या मुहावरा नहीं पर जल्द ही बन सकते हैं। हरियाणा और पंजाब जैसे राज्यों में आजकल बहुएँ खोजना एक टेढ़ी खीर हो गया है। एक तरफ तो आजकल के लड़कों की महत्त्वकाक्षाएँ, सुन्दर-सम्पन्न लड़कियाँ की तलाश, माँ-बाप की दहेज की माँग, दूसरी तरफ लड़कियों की कमी। परिणाम यह हुआ है कि पसन्द की बहुएँ मिलना बन्द हो रहा है और शादी-ब्याह जैसा पवित्र बन्धन व्यापार में तब्दील हो रहा है। लड़कियों की कमी उत्तर-पूर्व, बिहार या झारखंड से खरीद कर पूरी की जा रही है यानी कि बहुएँ खरीदी जा रही हैं।

कहा जाता था कि बच्चे की प्रथम पाठशाला घर होता है और उसकी मुख्य शिक्षिका है माँ। अब इस पाठशाला का व्यापारीकरण हो जाए तो क्या होगा, बहुएँ ब्याह कर नहीं खरीद कर लाई जाएँ तो क्या होगा या बहू के लिए ससुराल महत्त्वहीन हो तो क्या होगा?

कई उदाहरण हैं जब बहुत बड़ी रकम देकर दूर-दूर से लड़कियाँ लाई गईं, जो न ससुराल वालों की भाषा-संस्कृति जानती हैं, न उनके रहन-सहन और पहनावे पसन्द करती हैं और न खानपान की आदतें मिलती हैं, तो क्या होगा। उत्तरपूर्व से आई बहू से अगर हरियाणा में उम्मीद की जाए कि वो घूघँट में रहे, शुद्ध शाकाहारी भोजन करे और न टेलीफोन करे, न नेट पर रहे तो यह न केवल उस लड़की के साथ अत्याचार है बल्कि एक अच्छा खासा घर भी बेवजह नर्क में तब्दील हो सकता है।

भ्रूण हत्या करते समय हम क्यों भूल जाते हैं कि जिसकी कोख में यह कुकर्म किया जा रहा है वो लड़की थी, जो सास यह करने पर ज़ोर डाल रही है वो भी लड़की थी या आपकी जो दादी या नानी है वो कभी लड़की थीं। हम प्रकृति के विरुद्ध कामों को करने की कोशिश कर रहे हैं या अपने को उससे श्रेष्ठ साबित करने की। इतिहास गवाह है कि जब-जब मनुष्य ने ऐसा करने कोशिश की है वो उसकी तबाही का कारण बना है।

अब समय बदल रहा है। आपने ऊपर देखा कि हमारी एक लड़की रेलवे इंजन ड्राईवर का काम भी बखूबी कर सकती है। लड़कियाँ हवाई जहाज उड़ा रही हैं, सेना व अर्धसैनिक बलों में भी भर्ती होकर दुर्गम इलाकों में वो तमाम कठिन कार्य कर रही हैं जिन्हें पहले इनके लिए असम्भव माना जाता था।

ये जहाँ पढ़ाई-लिखाई में अव्वल हैं वहीं शिक्षा का क्षेत्र हो या उद्योगों का, ये पीछे नहीं है। हम अकसर ये भूल जाते है कि कृषि केवल पुरुषों का क्षेत्र नहीं है। महिलाएँ घर का कामकाज निपटाकर, बच्चों की देख-रेख के साथ कृषि एवं पशुपालन में भी अपना हाथ बँटाती हैं। अब आप ही समझ लीजिए कि कौन कितना काम करता है। 'बेटी बचाव-बेटी पढ़ाओ' योजना के शुम्भारम्भ पर इसी तरह के विचार हमारे प्रधानमंत्री ने पानीपत (हरियाणा) में आँकड़ों का हवाला देते हुए व्यक्त किए। उन्होंने ये भी कहा कि यही हमारा मंत्र होना चाहिए। हमारे मन में बेटा-बेटी के प्रति समानता का भाव हो तो ये पाप करने की प्रवृत्ति अपने आप रुक जायेगी।

सामाजिक न्याय, सामाजिक सुरक्षा और लड़कियाँ

लड़कियों के प्रति न्याय को परिभाषित करते हुए एक विद्वान ने लिखा है, ''समाज में प्रत्येक व्यक्ति को जीवन की मूलभत अनिवार्य आवश्यकताओं तथा भोजन, वस्त्र एवं मकान की पूर्ति हो, प्रत्येक व्यक्ति का विकास का उचित अवसर मिले। व्यक्ति द्वारा व्यक्ति के शोषण को रोका जाये और आर्थिक सत्ता का विकेन्द्रीकरण हो।''

हम उपरोक्त परिभाषा अपनी कन्याओं के सन्दर्भ में देखें तो पता चल जायेगा कि उनके साथ सामाजिक न्याय नहीं हो रहा। एक व्यक्ति द्वारा क्या, उसके अपने सगे-सम्बन्धियों द्वारा उसका शोषण हो रहा है। ज़बरदस्ती भ्रूण हत्या या गर्भपात, यह अन्याय नहीं, तो क्या है?

सामाजिक न्याय के तीन आधार स्तम्भ माने जाते हैं। ये हैं स्वतन्त्रता, समानता और सुरक्षा। यहाँ यह तीनों ही उपस्थित नहीं हैं। आज विश्वभर में यह एक चिन्तन का विषय है, भारत में इस

पर मनन करना कुछ ज़्यादा ही जरूरी हो गया है।

'बेटी बचाओ-बेटी पढ़ाओ' योजना में जहाँ एक तरफ असन्तुलित लिंगानुपात को सन्तुलित करने की मंशा है, वहीं लड़कियों में शिक्षा के प्रचार-प्रसार पर बल दिया गया है। एक बार लड़की के बच जाने के बाद भी उसे सामाजिक न्याय जब मिलेगा जब वह स्वतन्त्र होगी और उसे सबके बराबर समझा जायेगा। यह अच्छी शिक्षा से ही सम्भव होगा। सामाजिक सुरक्षा का दायित्व पूरे समाज और सरकार पर है। इसीलिए 'बेटी बचाओ-बेटी पढ़ाओ' योजना के साथ एक और योजना 20 जनवरी 2015 में ही शुरू की गई जिसका नाम है—सुकन्या समृद्धि योजना।

इस योजना के तहत 10 साल से कम उम्र की बेटी एक हज़ार रुपये से लेकर डेढ़ लाख रुपये तक उसके माँ-बाप के पैसे बैंक में जमा कर सकती है। सरकार की तरफ से उसमें ज़्यादा ब्याज का प्रावधान है। प्रधानमन्त्री ने आश्वासन दिया कि इस रकम पर कभी आयकर नहीं लगेगा और जब बेटी 21 साल की हो जायेगी,

अपनी पढ़ाई पूरी कर चुकी होगी या शादी करने जा रही होगी तो यह पूरा पैसा उसके हाथ में आयेगा और फिर माँ-बाप लड़की को कभी बोझ नहीं समझेंगे। भारतीय संविधान में स्त्रियों और बच्चों के सामाजिक न्याय एवं सामाजिक सुरक्षा हेतु कई प्रावधान हैं। जहाँ एक तरफ समानता के सिद्धान्त पर आधारित हमारा संविधान स्त्री और पुरुष को बराबर के अधिकार देता है वहीं बच्चों के लिए (जिसमें लड़कियाँ भी शामिल हैं) विशेष ध्यान दिया गया है। निम्नलिखित कृत्यों को अपराध की श्रेणी रखा गया है :

1. गर्भपात : गर्भपात कराना कानूनी अपराध है यदि यह स्त्री के जीवन को बचाने के लिए न किया गया हो। इसमें तीन वर्ष तक की कैद, जुर्माना या दोनों का प्रावधान है।

2. स्त्री की सहमति के बिना गर्भपात कराने पर 10 वर्ष की सज़ा का प्रावधान है।

3. शिशु के जीवित पैदा होने से रोकने का कार्य या जन्म

के पश्चात उसे मारना अपराध है।

4. स्त्री पुरुष के अलावा डॉक्टरों पर भी अपने अस्पताल और रिश्तेदारों या प्रयोगशालाओं में भ्रूण परीक्षण एवं गर्भपात गम्भीर अपराध की श्रेणी में आते हैं।

भारतीय संविधान में बच्चों के अधिकार सुनिश्चित किए गए हैं।

राष्ट्रीय बाल नीति 1974 में बनी, इसमें भी बच्चों को राष्ट्र की सर्वोच्च निधि माना गया। भारत उन देशों में शामिल है जिसने संयुक्त राष्ट्र संघ द्वारा घोषित नीति की पुष्टि और समर्थन किया। स्पष्ट है कि बच्चों में लड़कियाँ भी शामिल हैं और उनके भी सभई अधिकार सुरक्षित किए गये हैं। संयुक्त राष्ट्र संघ भी महिलाओं और बच्चों को सबसे ज़्यादा असुरक्षित वर्ग मानता है और इन्हें समानता के सिद्धान्त पर हर क्षेत्र में प्रोत्साहन देता है।

उपसंहार

हमने एक गम्भीर सामाजिक समस्या के बारे में जानने की कोशिश की। आपको अब तक पता लग गया होगा कि लिंगानुपात क्या होता है, असंतुलन के क्या कारण हैं और हम क्या कर सकते हैं; ताकि इस समस्या को भारत से समूल नष्ट कर सकें। हमने केन्द्र सरकार की एक अच्छी योजना 'बेटी-बचाओ-बेटी-पढ़ाओ' के बारे में भी जानकारी ली। अब आप सब की जिम्मेवारी है कि जो कुछ आपने पढ़ा उसके बारे में अपने घर, गाँव, दोस्तों और रिश्तेदारों से चर्चा करें और इस बारे में जागृति फैलाएँ। इसके साथ-साथ अशिक्षा को भी दूर करना बहुत जरूरी है। जैसा कि महान समाज सेवी और समाज सुधारक ज्योतिबा फुले ने कहा था—

'मानवता की ज़रा शर्म रखो
विद्वान उन्हें बनाओ
लड़के-लड़की को पढ़ाओ'

इसके साथ–साथ अन्त में हम सब वह शपथ लें जो प्रधानमंत्री श्री नरेन्द्र मोदी ने 22 जनवरी 2015 को विशाल जन समुदाय को दिलायी थी।

'मैं शपथ लेता हूँ कि मैं लिंग चयन एवं कन्या भ्रूण हत्या का विरोध करूँगा; मैं बेटी के जन्म पर खुश होकर सुरक्षित वातावरण प्रदान करते हुए बेटी को सुशिक्षित करूँगा। मैं समाज में बेटी के प्रति भेदभाव खत्म करूँगा। मैं 'बेटी बचाव–बेटी पढ़ाओ' का सन्देश पूरे समाज में प्रसारित करूँगा।'